¿Dónde trabaja la gente?

por Helen Gregory

Consultora:
Adria F. Klein, Ph.D.
California State University, San Bernardino

capstone
classroom
Heinemann Raintree • Red Brick Learning
division of Capstone

La gente trabaja en nuestra ciudad.

Muchas personas trabajan.

Las personas trabajan en las escuelas.

Los maestros trabajan en el salón de clase.

Las directoras trabajan en la oficina de la escuela.

Los empleados trabajan en las tiendas.

Los oficiales de policía trabajan en las patrullas.

Los bomberos trabajan en el camión de bomberos.

Los reporteros trabajan en las oficinas de los periódicos.

Los médicos trabajan en los hospitales.

Los dentistas trabajan en la clínica dental.

Los científicos trabajan en laboratorios.

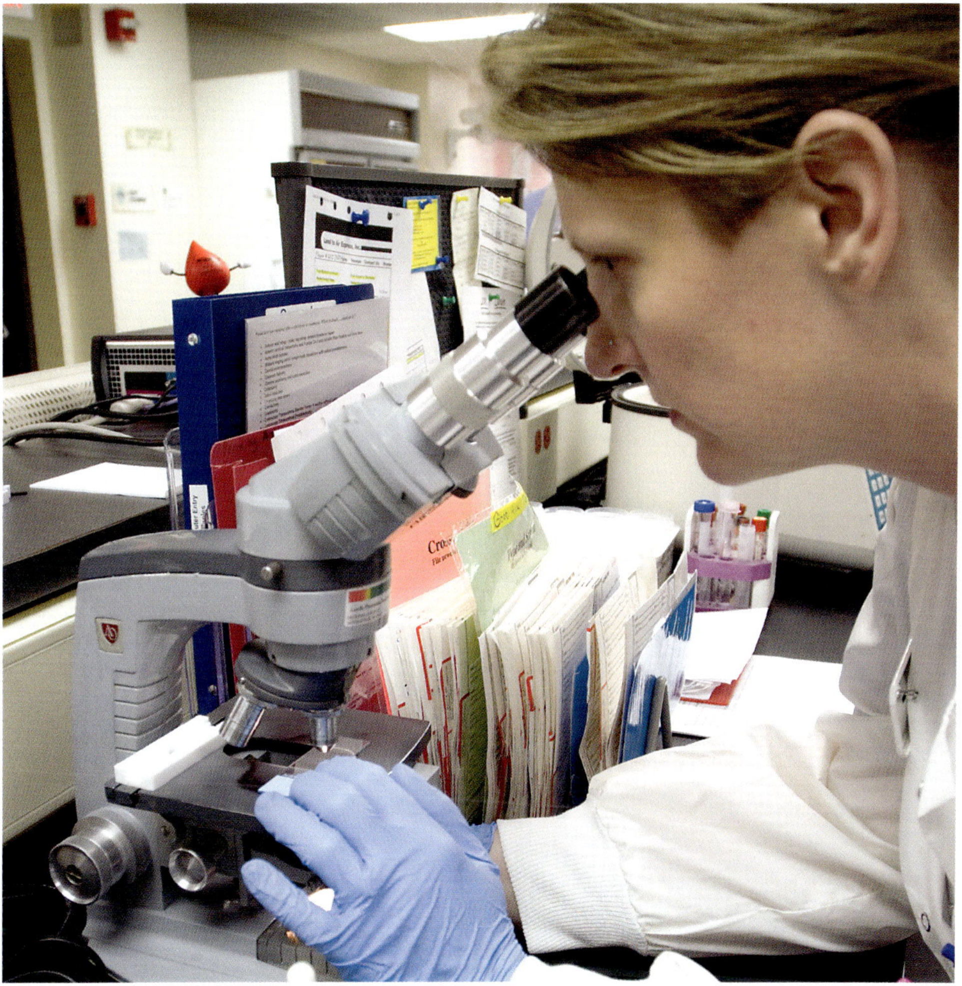

Los trabajadores de la construcción trabajan con grandes máquinas.

Los jardineros trabajan al aire libre.

La gente también trabaja en la casa.